BEI GRIN MACHT SICH IHR
WISSEN BEZAHLT

- Wir veröffentlichen Ihre Hausarbeit,
  Bachelor- und Masterarbeit

- Ihr eigenes eBook und Buch -
  weltweit in allen wichtigen Shops

- Verdienen Sie an jedem Verkauf

**Jetzt bei www.GRIN.com hochladen
und kostenlos publizieren**

Max Korbmacher

Methoden der empirischen Sozialforschung und ihr Einfluss auf Web Surveys. Die Wirkung von Fragebogen-elementen

GRIN Verlag

Bibliografische Information der Deutschen Nationalbibliothek:

Die Deutsche Bibliothek verzeichnet diese Publikation in der Deutschen National-
bibliografie; detaillierte bibliografische Daten sind im Internet über http://dnb.d-
nb.de/ abrufbar.

Impressum:

Copyright © 2014 GRIN Verlag GmbH
Druck und Bindung: Books on Demand GmbH, Norderstedt Germany
ISBN: 978-3-656-92100-4

Dieses Buch bei GRIN:

http://www.grin.com/de/e-book/294154/methoden-der-empirischen-sozialforschung-
und-ihr-einfluss-auf-web-surveys

GRIN - Your knowledge has value

Der GRIN Verlag publiziert seit 1998 wissenschaftliche Arbeiten von Studenten, Hochschullehrern und anderen Akademikern als eBook und gedrucktes Buch. Die Verlagswebsite www.grin.com ist die ideale Plattform zur Veröffentlichung von Hausarbeiten, Abschlussarbeiten, wissenschaftlichen Aufsätzen, Dissertationen und Fachbüchern.

Besuchen Sie uns im Internet:

http://www.grin.com/

http://www.facebook.com/grincom

http://www.twitter.com/grin_com

Universität Bremen

Fachbereich 8 - Soziologie

Sommersemester 2014

23.07.2014

Hausarbeit zum Seminar: „Befragungseffekte und kognitionspsychologische
                            Grundlagen des Antwortverhaltens"

Wahrnehmung der Fragebogenelemente

Ein Ausflug in die Methoden der empirischen Sozialforschung und ihrer
Beeinflussung in Web Surveys

Max Korbmacher

BA-Soziologie

2. Fachsemester

Gliederung

1. Einleitung

Eine Möglichkeit (und die wohl bedeutsamste der Sozialwissenschaften) repräsentative, wissenschaftliche Aussagen über Phänomene in der Bevölkerung, oder in Teilen von ihr treffen zu können, ist die Statistik. Die von ihr gelieferten Ergebnisse sind nicht nur für die Weiterentwicklung der Wissenschaft, sondern auch für die Wirtschaft und Gesellschaft (bspw. „Markt-,Meinungs-,Wahl- und Medienforschung" (Diekmann 2009: 12)) und Teilen von ihr, wie „Parteien, Verbände, Gewerkschaften" (ebd.) von erheblicher Bedeutung.

Jedoch nicht nur in den Medien, oder in der öffentlichen Meinung treten immer wieder Probleme der Glaubwürdigkeit und Genauigkeit der Ergebnisse und ihrer Interpretation auf (hauptsächlich wegen unsauberer Arbeit, z.B. durch Werturteilen (Diekmann 2009: 72)), auch die Wissenschaft beschäftigt sich zur Erklärung und anschließendem Vermeiden von beeinflussenden Faktoren mit den Methoden der Statistik. Der Zugriff auf zweifelhafte Statistiken scheint einfacher, als der zu seriösen, weshalb Sprüche wie „glaube nur der Statistik, die du selbst gefälscht hast" Anklang finden. Hinzu kommt auch, dass wissenschaftliche Methoden für das Durchführen oft nicht bekannt sind, oder beachtet werden (dies z.T. sogar zielgerichtet), weder von Autoren, noch den Konsumenten der Statistiken.

Befragte können durch eine Vielzahl von Faktoren beeinflusst werden (Engel 2012: 286), weshalb die Methoden bei der Umfragedurchführung, je nach Fall, auch eine entscheidende Rolle für die Umfrageergebnisse spielen können. Nicht nur der Befragende, oder (andere) Befragte, auch die Wahrnehmung(en) der Frageformulierung und –reihenfolge, Fragebogenelemente und die Skalierung, bzw. das Antwortformat, oder allgemein das Umfrageklima nehmen Einfluss auf das Antwortverhalten und/oder Abbruchquoten des Umfrageteilnehmers (Engel 2012: 68,69, 305-310). Dieser Einfluss kann ausschließlich individueller Natur sein und sich durch irrational erscheinende Handlungen (bzw. Antwortverhalten/Abbruch der Umfrage) äußern, deren mögliche Ursache in der psychosoziale Disposition (Huinink 2008: 37), oder dem Habitus, nach Pierre Bourdieu (Huinink 2008: 170-171) des Individuums liegt, oder zu einem allgemein zutreffenden und somit messbaren Phänomen werden. Die Hausarbeit wird anhand von bereits durchgeführten und ausgewerteten online Umfragen die Effekte von Erwartungen an die Fragebogen- und Aufgabenlänge, von Layout und Bildern, Farbwirkung, Gruppierung von Fragebogenelementen und Skalenlayout skizzieren.

2. Erwartungen an die Fragebogen- und Aufgabenlänge

Da die heutige Technik eine Vielzahl von Möglichkeiten zum Erstellen, Durchführen und Auswerten von Web Surveys (als eine immer beliebtere, vorteilsbehaftete Umfrageart (Diekmann 2009: 520-525)) bietet, ist es schwierig allgemeingültige Aussagen über das Antwortverhalten im Allgemeinen zu treffen. Andererseits gibt es bereits einige Studien, die sich mit unterschiedlichen Methoden der Sozialforschung und speziellen, methodisch bedingten Effekten in Umfragen beschäftigen.

Eine besonders wichtige Konstante für Sozialforscher ist die Abbruchquote in Umfragen, welche die Ergebnisse stark beeinträchtigen kann und somit möglichst niedrig gehalten werden sollte. Möglichkeiten um Anreize für das Starten und auch Beenden einer Umfrage zu generieren sind Incentives, wie Geld und Gutscheine (nach Weber wert- / zweckrationale Handlung (Abels 2002: 129) des zu Befragenden) oder das Wecken von Interesse, oder Unterstützungswillen (nach Weber traditionelle / affektuelle Handlung (Abels 2002: 129-130) des zu Befragenden), die durch eine Kontaktaufnahme (Email, Brief, Telefonat) ermöglicht werden können (Engel 2009: 56-57, 67-68, 160-164). Nichtsdestotrotz besteht eine größere Abbruchwahrscheinlichkeit, wenn die Dauer des Fragebogens und der Aufgaben bei der Bearbeitung unterschätzt wird. Genauso hat die Erwartung an die Länge Einfluss auf die Zahl derer, die eine Umfrage beginnen und auch beenden (Yan, Conrad, et al 2010: 132-133). Das lässt vermuten, dass je länger die Bearbeitungsdauer des Fragebogens ist, desto geringer ist auch die Zahl der Teilnehmer und Abbrechenden (Yan, Conrad, et al 2010: 133).

Hinzu kommt, dass Umfrageteilnehmer beim Unterschätzen der Dauer der Aufgaben weniger Zeit zum Erledigen solcher und beim Überschätzen mehr Zeit als erwartet brauchen (Yan, Conrad, et al 2010: 132). Aus diesem Grund werden Progress Indicators eingesetzt, die den Fortschritt beim Beantworten (meist als Prozentzahl) anzeigen und solche Effekte (zumindest bedingt) steuern können (Yan, Conrad, et al 2010: 134). Progress Indicators führen jedoch, besonders in den ersten 5 Minuten der Umfrage, nicht zwangsläufig zu verminderten Abbruchquoten (siehe Anhang Abb.1). Wird der Fortschritt bedingt durch Progress Indicators unterschätzt (z.B. durch eine frühe Rückmeldung), führen solche sogar zu höheren Abbruchquoten (Yan, Conrad, et al 2010: 132, 134-135). Progress Indicators verstärken oder vermindern also die Abbruchquote, je nach mitgeführten Informationen, was allgemein jedoch keine Auswirkung auf die Abbruchquote in langen Umfragen haben sollte (Yan, Conrad, et al 2010: 143-146; siehe Anhang Abb.2).

Somit stellen Progress Indicators eine von vielen Möglichkeiten dar Einfluss auf Abbruchquoten und Bearbeitungszeiten zu nehmen, zu denen noch unzählige multiple Faktoren hinzukommen, die jedoch nicht (oder nur unbewusst) unter der Kontrolle der Befragenden stehen (ebd.). Allgemein ist mit Informationen über Aufgaben- und Fragebogendauer also vorsichtig umzugehen, da sie sich (von Progress Indicators ausgehend eher in kuren Umfragen) auf das Ergebnis der Umfrage auswirken können und somit ein nicht zu vernachlässigender Einflussfaktor für das Verhalten von Umfrageteilnehmern sind.

3. Wirkung von Bildern und Farben

Nachdem der Einfluss von Erwartungen an die Aufgaben- und Fragebogenlänge angedeutet wurde, soll nun das Layout des Fragebogens (also enthaltene Bilder und Farben), als eine anderweitig beeinflussende Konstante, im Mittelpunkt der Betrachtung stehen.

Genau wie Informationen über den Fortschritt der Befragten, können auch Bilder Beginnende- und Abbruchquoten beeinflussen. Beim Testen des Effektes von Bildern ergab sich, dass eine online Umfrage mit Bildern den Befragten entspannter vorkam, als die selbe Umfrage ohne Bilder (Couper, Toepoel 2011: 1).

Besonders abstrakte Bilder können systematisch die Antworten einer Umfrage beeinflussen, da Befragte dazu neigen, Gestaltungsmittel als relevant für die Fragestellung einzuordnen (Couper, Toepoel 2011: 1,3). Für die Fragebogenteilnehmer vermitteln Bilder nämlich eine Nachricht, ihre Platzierung sagt etwas über ihre Bedeutung in Bezug auf die Frage aus (Couper, Toepoel 2011: 16). So werden beispielsweise Bilder, die nach der Fragestellung und vor der Antwort platziert werden, von Befragten als Verständnisinstrument der Frage verstanden (ebd.).

Der Kontext einer Frage kann durch Bilder verändert und die Bearbeitungsdauer von Fragebögen, durch eine verkürzte Lesedauer, gesenkt werden (Couper, Toepoel 2011: 3). Auch können solche die Interpretation von Fragen beeinflussen, wenn sie zur Erklärung einer Frage verwendet werden (Tourangeau, Couper, Conrad 2007: 94). Bilder haben jedoch, je nach der Häufigkeit ihrer Nutzung, unterschiedliche Bedeutungen. Somit ist die Reaktion auf häufig genutzte Bilder, die bestimmte Bedeutungen implizieren (Bsp.: Totenkopf, Rotes Kreuz) höher, als auf Bilder (wie ein Kreis, oder eine einzelne Linie), die nicht direkt Assoziationen wecken (Couper, Toepoel 2011: 15).

Trotz des erkennbaren Einflusses von Bildern, werden verbale Hinweise eher beachtet als visuelle, wenn solche sich voneinander unterscheiden (Couper, Toepoel 2011: 1). Ein möglicher Grund könnte sein, dass verbale Anweisungen i.d.R. Bildern vorausgehen (Couper, Toepoel 2011: 16). Zu beachten ist hierbei, dass einschränkende verbale Anweisungen (wie „beachte nicht...") einen größeren Einfluss als einschließende verbale Anweisungen (wie „beachte alle...") haben und den Effekt von Bildern stärker reduzieren, als genannte einschließende verbale Anweisungen (ebd.).

Um visuelle Kontexteffekte zu vermeiden ist es wichtig, dass die Frage klar und deutlich, sowie effektiv (bzw. sparsam mit Wörtern) formuliert ist, visuelle, wie verbale Hinweise übereinstimmen und eine eindeutige Botschaft vermitteln (Couper, Toepoel 2011: 17).

Wenn die einzelnen Optionen in einer Antwortskala unterschiedlich gefärbt und/oder schattiert sind (Bsp.: dunkelrot bis -blau), dann wird der Blick des Befragten, eher als bei gleichfarbigen Skalenenden (Bsp.: dunkel- bis hellblau), auf das hohe Ende der Skala (bei einer Skala von 0 bis 10, also zur 10) gelenkt (Tourangeau, Couper 2007: 91). Die Farbeffekte entfallen jedoch, wenn jeder Skalenpunkt eine wörtliche Beschriftung trägt (Tourangeau, Couper 2007: 92).

Aus diesem Kapitel wird deutlich, dass eine einheitliche, logisch nachvollziehbare Form im Fragebogen unabdingbar für unverfälschte Ergebnisse ist. Je klarer die Aufgabenstellung formuliert und mit passenden Bildern untermalt wird, desto größer ist die Wahrscheinlichkeit, dass der Spielraum für Interpretationen von Befragten abnimmt. Hier wird wichtig, dass die Frage nicht zu kompliziert gestellt wird und die Bilder inhaltlich zu der Aufgabenstellung (und Intention der Aufgabenausführung) passen, da sonst mit zusätzlich gezogenen Schlüssen der Umfrageteilnehmer gerechnet werden muss, welche nicht im beabsichtigten Rahmen derer, welche die Umfrage durchführen liegen, da sie Einfluss auf das Antwortverhalten haben können.

4. Design: Gruppierung der Fragebogenelemente mit Blick auf die Gestaltungspsychologie

Ein weiteres Feld, welches zu signifikanten Abweichungen im Antwortverhalten in ein und demselben Fragebogen führen kann, ist das Design des Fragebogens und unterschiedliche Gruppierungen der Fragebogenelemente. Dabei ist die Gestaltungspsychologie ein wichtiger Begleiter in der Interpretation von Korrelationen zwischen Fragebogenelementen und -inhalten. Die Rahmen dieser Interpretation sind jedoch, durch die individuelle Prägung des gestaltungspsychologischen Verhaltens von Fragebogenteilnehmern schwierig abzustecken und exakt einzuordnen.

Um jedoch allgemeine Aussagen über den gestaltungspsychologischen Effekt auf das Antwortverhalten von Umfrageteilnehmern treffen zu können, müssen statistisch quantitativ auftretende Phänomene in die Betrachtung einfließen.

So könnte man der Annahme folgen, dass Befragte einfachen Heuristiken (oder auch Pseudoregelmäßigkeiten (Diekmann 2009: 47-49)) bei der Interpretation von visuellen Merkmalen in einem Fragebogen folgen und sich somit eine Vielzahl von Interpretationsmöglichkeiten, für die Teilnehmer einer Umfragen durch visuelle Aspekte, besonders bei einer schlechten methodischen Umsetzung der Umfragegestaltung, auftun (Toepoel, Dillmann 2011: 193). Stark beeinflussend wirken hier der gesamte graphische Aufbau des Fragebogens, enthaltene Symbole und die Verwendung von Ziffern und Zahlen (Toepoel, Dillmann 2011: 194). Denn die Befragten verstehen und bearbeiten Fragen in Bezug auf alle (bereits vorher) bereitgestellten Informationen, die nicht nur verbale, oder in Worten geschriebene Anweisungen enthalten, sondern auch in graphischer, symbolischer, oder numerischer Form vorkommen und beeinflussen können (Toepoel, Dillmann 2011: 193, 194). Damit wird deutlich, dass für Umfrageteilnehmer die visuelle Gestaltung einer Frage eine wichtige Quelle der Information zur Beantwortung einer solchen ist (Toepoel, Dillmann 2011: 195).

Bei zwei hierzu durchgeführten Experimenten von Toepoel und Dillmann wird davon ausgegangen, dass die „like means close" Heuristik beim Beantworten eines Fragebogens zutrifft, dass also Fragebogenteilnehmer bei einer (räumlichen) Nähe von Elementen auf einem Fragebogen auch von deren inhaltlicher Nähe ausgehen (Toepoel, Dillmann 2011: 196). Beim vorher durchgeführten Experiment wurde die „middle means typic" Heuristik getestet, also die Hypothese, dass

Umfrageteilnehmer die typische, bzw. meistgewählte Antwort in der Mitte der Skala erwarten (ebd.).

Heraus kam, dass die erwarteten Effekte von visuellen, sowie wörtlichen Heuristiken abhängig sind (Toepoel, Dillmann 2011: 203). Durch unterschiedliche Abstände zwischen den Antwortmöglichkeiten ausgelöste Effekte waren nur bei einer Gruppe von Befragten sichtbar, und zwar Teilnehmern, die bereits an mehreren Umfragen teilgenommen hatten und somit im Beantworten von Fragebögen in gewisser Hinsicht trainiert waren (ebd.). Auch die Ausprägung der „middle means typical" Heuristik wurde in direkten Zusammenhang mit der Erfahrung der Befragten gesetzt (ebd.).

Zur Verdeutlichung des Effekts der „like means close" Heuristik wurden im Vorzeichen und Wert variierende Ziffern und verschiedene Schattierungen, von rot und grün, zum ursprünglichen Fragebogen hinzugefügt (Toepoel, Dillmann 2011: 200-203). Dabei ist wichtig zu bemerken, dass die einzelnen genannten Kennzeichnungen unterschiedlich ausgeprägte Effekte auf die Fragebogenteilnehmer haben (ebd.). Die wichtigste Rolle spielen die wörtlichen Kennzeichnungen an den einzelnen Skalenpunkten und haben somit einen stärkeren Einfluss als numerische Kennzeichnungen. Diese wiederum haben einen größeren Einfluss als visuelle Kennzeichnungen auf das Antwortverhalten (Toepoel, Dillmann 2011: 203).

Die Ergebnisse zeigen, dass auch die Erfahrung mit dem Ausfüllen von Fragebögen das bereits angesprochene Interpretationsvermögen, bzw. die Anfälligkeit für verschiedene Heuristiken beeinflussen kann. Vor allem die Wahl der Skalierung und zugehörige Kennzeichnungen nehmen Einfluss auf die Umfrageergebnisse. Primär sollte jedoch darauf geachtet werden, dass möglichst wenig Interpretationsspielraum für Umfrageteilnehmer zugelassen wird. Dementsprechend sollten möglichst wörtliche Kennzeichnungen für einzelne Aufgaben verwendet werden. Die Skalen sollten möglichst an jedem einzelnen Skalenpunkt mit Wörtern beschriftet werden, um die Beeinflussung gering zu halten. Außerdem sollte vor der Umfrage „die interne Konsistenz von Items oder Indikatoren" (Diekmann 2009: 298) und weitere Fehlerquellen geprüft werden, um „measurement per fiat" (ebd.) zu vermeiden.

5. Unterschiedliches Skalenlayout und dessen Wirkung

Die Vielzahl von Messtechniken und Skalierungsmodellen lässt ein erschwertes Auswahlverfahren vermuten, jedoch gibt es auch hier, aufbauend auf dem Wissen mehrerer wissenschaftlicher Untersuchungen, Methoden deren Fehlerwahrscheinlichkeiten höher und solche, deren Fehlerwahrscheinlichkeiten geringer sind (Diekmann 2009: 297). Unbestritten ist jedoch, dass Umfrageteilnehmer Aufgabenelemente als Verständnishilfe für Fragen und Antwortmöglichkeiten nutzen können (Tourangeau, Couper, Conrad 2007: 93), sowie eine unterschiedliche Beschriftung, Nummerierung, Schattierung und Färbung der Skala das Antwortverhalten beeinflusst (Tourangeau, Couper, Conrad 2007: 92-93). Wie bereits erwähnt können weitere Informationen, wie Bilder die Interpretation der Frage beeinflussen, ausweiten, oder einengen (Tourangeau, Couper, Conrad 2007: 94).

In diesem Kapitel soll sich auf die Wirkung von unterschiedlichen Skalenlayouts konzentriert werden.

Angefangen mit der Verwendung unterschiedlicher Skalenformen (Pyramide, Leiter, Zwiebel), lässt sich bemerken, dass solche jeweils zu unterschiedlichen Ergebnissen führen (Tourangeau, Couper, Conrad 2007: 92). Bei einer Studie von Knäuper, im Jahr 1998, wurde die Studienleistung der Teilnehmer untersucht (ebd.). Bei der Verwendung der Pyramidenform bewerteten die Umfrageteilnehmer ihre Studienleistung negativer, als bei den anderen Skalenformen (ebd.). Wie Befragte interpretieren und antworten hängt also auch von der Darstellung der Frage und Aufgabe, bzw. der Skala ab (ebd.).

Viele Experimente haben Skalen mit der gleichen Beschriftung, jedoch unterschiedlichen Zahlen an den einzelnen Skalenpunkten (bspw. „stimme voll zu"/ „stimme gar nicht zu" mit Nummerierung 1) von -5 bis 5 und 2) von 0 bis 11), was zu Verzerrungen führt, da in diesem Fall die wörtliche Beschriftung sehr unterschiedlich interpretiert wird (Tourangeau, Couper, Conrad 2007: 92). Negative Zahlen in einer Skala führen beispielsweise zu negativeren Aussagen/Ergebnissen, als Skalen mit ausschließlich positiven Zahlen (Tourangeau, Couper, Conrad 2007: 93). Allgemein hilft Umfrageteilnehmern jedoch eine wörtliche Beschriftung, Zahlen an einzelnen Skalenpunkten, die Form der Skala und die Abstände der Antwortmöglichkeiten beim Verstehen von Skalen (ebd.).

Auch verschiedene visuelle Eigenschaften als, oder in den Aufgabenelementen beeinflussen das Antwortverhalten (Tourangeau, Couper, Conrad 2007: 94).

Dabei wird nach unterschiedlichen Heuristiken interpretiert und beantwortet, wie Tourangeau, Couper, Conrad bereits 2004 bei einer Reihe von Experimenten herausfanden (ebd.).

Es ließ sich feststellen, dass Umfrageteilnehmer den Mittelpunkt von Skalen für die typische Antwort halten und somit bevorzugt diese auswählen (möglicherweise um nicht vom Durchschnitt abzuweichen). Dabei ist wichtig, dass der visuelle Mittelpunkt der Skala, je nach seiner Ausrichtung, die Antworten positiver oder negativer ausfallen lässt (ebd.).

Abb. 1

1 2 3 4   8 9 10 11

Quelle: Mummedy, Grau 2008: 50

Beim Vergleichen von Abbildung 1 und 2 wird in der Wahrnehmung ein deutlicher Unterschied zwischen den beiden Skalen spürbar, was alleine die Farbgebung und vor allem eine solche in der Mitte der Skala von Abbildung 1 auslöst.

Nach Experimenten zur Überprüfung von, durch eine Färbung der Skala hervorgerufenen Effekten, stellten Tourangeau, Couper und Conrad fest, dass eher verschiedene Färbungen den Blick des Befragten auf das hohe, bzw. positive Ende der Skala lenken, als dies Skalen mit gleicher Färbung an den Endpunkten tun (Tourangeau, Couper, Conrad 2007: 91). Der Effekt von Färbungen der Skala entfällt jedoch, wenn jeder Skalenpunkt eine wörtliche Beschriftung hat (Tourangeau, Couper, Conrad 2007: 92).

Abb. 2

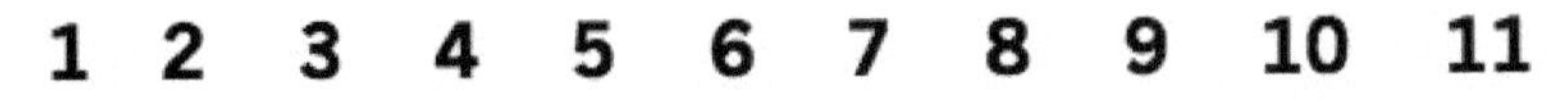

1 2 3 4 5 6 7 8 9 10 11

Quelle: Mummedy, Grau 2008: 50

Von unserer Schreibweise und der Leserichtung, des (angepassten) Arabischen Alphabets ausgehend, lässt sich vermuten, dass Links und Oben Zugeordnetes eine Anfangszuordnung erhält (ebd.). Beweise lassen sich darin finden, dass Fragebögen schneller beantwortet wurden, wenn eine individuelle logische Ordnung durch die Anordnung gefunden wurde (ebd.).

Des Weiteren wurde die Heuristik untersucht, ob Befragte tatsächlich bei nahe zusammenliegenden Fragebogenelementen von einer inhaltlichen Nähe ausgehen (ebd.). Herausgefunden wurde, dass Befragte eher eine Korrelation verwandter Fragen erkennen, wenn diese auf einer, anstatt auf mehreren Websites stehen (Tourangeau, Couper, Conrad 2007: 94-95).

Die Prüfbarkeit der erwähnten Heuristiken lässt vermuten, dass es noch weitere gibt, von denen wiederum einige zutreffen. Somit ist wieder Ausgangspunkt, dass es einen nicht klar definierbaren Interpretationsspielraum beim Verständnis der Aufgaben(-elemente) von Umfrageteilnehmern gibt. Klar ist jedoch, dass dieser Interpretationsspielraum besonders durch Färbung, Schattierung, negative Nummerierung und die Form der Skala beeinflusst werden kann. Deshalb sollten Skalen möglichst einheitlich farblos erscheinen, keine negativen Zahlen enthalten und in der gleichen Form abgebildet sein, um möglichst wenig Verfälschung zuzulassen.

6. Fazit

Nach der Betrachtung mehrerer Experimente, sowie einiger Erhebungen, sind eine Vielzahl von Faktoren ins Blickfeld geraten, die sowohl auf jene Einfluss nehmen, welche eine Umfrage erstellen, durchführen und auch auf solche, die an ihr teilnehmen. Der Fokus lag jedoch auf der Beeinflussung von Fragebogenteilnehmern, weshalb hier nun ein kleiner zusammenfassender Teil, unter Berücksichtigung der Fehlerquellen von empirisch tätigen Wissenschaftlern folgen soll. Grund dafür ist die Annahme, das der Schwerpunkt der Fehlerverursachung dort zu vermerken ist.

Vor der Durchführung eines/-r Experiments/Umfrage ist zuallererst eine Vorabprüfung von Fehlerquellen wichtig, da durch falsche Hypothesenbildung und erwartete Beobachtungen die gesamte Durchführung und die Auswertung fehlerbehaftet sein können (Diekmann 2009: 298, 313-337). Durch falsches (Ein)Schätzen der Wahrscheinlichkeiten kann es zu Deduktionsfehlern kommen (Diekmann 2009: 58-60). Neben diesen treten weitere Fehler vor, während und nach der Durchführung auf (Diekmann 2009: 339-350).

Eines der größten Probleme der Geisteswissenschaften scheint die Objektivität, die sich z.B. durch Vorurteile von Wissenschaftlern äußert (Diekmann 2009: 47). Bereits 1904 wurde das Problem von Max Weber in seinem Aufsatz „Die Objektivität sozialwissenschaftlicher und sozialpolitischer Erkenntnis" aufgefasst.

Trotz vielfacher Diskussion erscheint dieses jedoch als nicht vollends lösbar, jedoch bis zu einem bestimmten Punkt eindämmbar.

Hierfür sprechen eine Vielzahl von Modellen und Theorien, die eine schwer fassbare individuelle Rationalität in den Handlungen der Akteure beschreiben (siehe Einleitung: psychosoziale Komposition, Habitustheorie). Jedoch gibt es immer wieder Anhaltspunkte für beschreibbare makrosoziologische Prozesse, wie die selektive Wahrnehmung, bei welcher z.B. durch Medien Massenbeeinflussungen verursacht werden können (Diekmann 2009: 51-58). Somit sollten sich beim Erstellen, Gestalten, Durchführen und Auswerten einer Umfrage die Methoden kontext- und zeitgemäß verhalten und einen umfassenden Teil der Arbeitszeit der durchführenden Wissenschaftler beanspruchen, um möglichst unverfälschte Ergebnisse zu liefern. Denn Fragebogenteilnehmer (wert-)urteilen, interpretieren und sortieren Inhalte beim Ausfüllen (in dieser Arbeit wurden Web Surveys betrachtet) und können beinahe jede ihnen als relevant erscheinende Information aus Fragebogenelementen entnehmen, neu sortieren und in das Antwortverhalten einfließen lassen. Dazu kommen die Situation der Befragung, die aktuelle öffentliche, aber auch individuelle Relevanz oder Brisanz des Themas der Umfrage, die psychische Verfassung, Charakter und Lebenslage des Umfrageteilnehmers etc..

Es wird deutlich und dies nicht nur am Problem der Objektivität, dass das Ausmaß der Fehlerquellen unerschöpflich groß erscheint und somit weder Umfrage, noch Experiment fehlerfrei durchgeführt werden können.

Diese Arbeit muss sich auf die dargestellten Inhalte beschränken, um nicht ihren Rahmen zu sprengen. Jedoch soll dies nur ein Ausriss aus der Vielfalt der Methoden und der durch sie ausgelösten Beeinflussungen sein und einen Ausblick in ein sehr komplexes Themengebiet geben.

7. Literaturverzeichnis

Mehrbändige Werke

Abels, Heinz. 2002. *Einführung in die Soziologie 2. Die Individuen in ihrer Gesellschaft.* Wiesbaden: Westdeutscher Verlag.

Monografien und Sammelwerke

Diekmann, A.. 2009. *Empirische Sozialforschung. Grundlagen Methoden Anwendungen.* Reinbek bei Hamburg: Rowohlt Taschenbuch Verlag.

Engel, U.; Bartsch, S.; Schnabel, C.; Vehre, H.. 2012. *Wissenschaftliche Umfragen. Methoden und Fehlerquellen.* Frankfurt am Main: Campus Verlag.

Huinink, J.; Schröder, T.. 2008. *Sozialstruktur Deutschlands.* Konstanz: UVK Verlagsgesellschaft.

Mummedey, H.D.; Grau, I.. 2008. Die Fragebogenmethode. Göttingen: Hogrefe Verlag.

Journal Artikel

Couper, M.P.; Toepoel, V. 2011. Can Verbal Instructions Counteract Visual Context Effects in Web Surveys? *Puplic Opinion Quartely,* Vol. 75 Nr. 1: 1-18.

Toepoel, V.; Dillmann, D.A..2011. Words, Numbers, And Visual Heuristics in Web Surveys: Is There a Hierarchy of Importance? *Social Science Computer Review.* Vol. 29 Nr. 2: 193-207

Tourangeau, R.; Couper, M.P.; Conrad, F..2007. Colors, Labels, And Interpretive Heuristics For Response Scales. *Public Opinion Quarterly.* Vol. 71 Nr. 1: 91-112

Yan, T.; Conrad, F. G.; Tourango, R.; Couper, M. P..2011.

Shuold I Stay or Should I go: The Effects of Progress Feedback, Promised Task Duration and Length of Questionnaire on Completing Web Surveys. *International Journal of Public Opinion Research*. Vol. 23 Nr. 2: 131-147.

8. Anhang

Abbildungen

Abb.1:

Prozentzahlen der Abbrecher zu unterschiedlichen Zeitpunkten der Umfrage nach versprochener (Q´aire) und tatsächlicher Länge

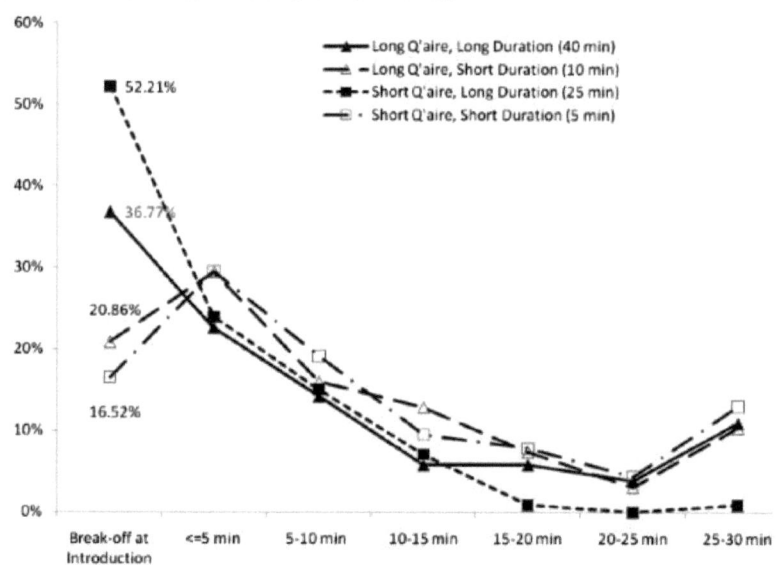

Figure 1
Percent of breakoffs at different time points of the survey

Quelle:

Yan, Ting; Conrad, Frederick G.; Tourango, Roger; Couper, Mick P.. 2011.

Shuold I Stay or Should I go: The Effects of Progress Feedback, Promised Task Duration and Length of Questionnaire on Completing Web Surveys. International Journal of Public Opinion Research. Vol. 23 Nr. 2. 140.

Abb. 2:

Abbruchraten nach tatsächlicher Länge, versprochener Länge und Progress
Indicators

Figure 2
Breakoff rates by actual length, promised duration, and progress indicators

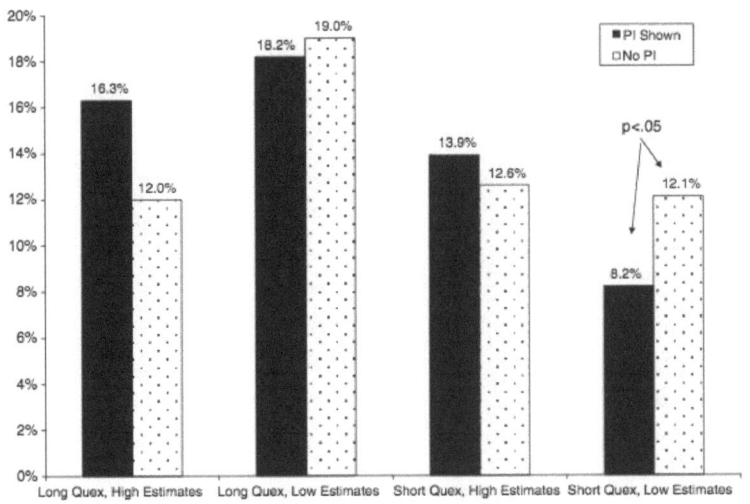

Quelle:

Yan, Ting; Conrad, Frederick G.; Tourango, Roger; Couper, Mick P.. 2011.
Shuold I Stay or Should I go: The Effects of Progress Feedback, Promised Task
Duration and Length of Questionnaire on Completing Web Surveys. International
Journal of Public Opinion Research. Vol. 23 Nr. 2. 143.